W0313806

DUDEN

Fibel

Erarbeitet von Catrin Brinkmann,
Birgitt Carstens, Thomas Hanselmann,
Elisabeth Hein, Anke Herold,
Kerstin Lutter, Inga Matthießen,
Hans Peters und Simone Straub

Unter Beratung von Dorothea Blendinger

DUDEN PAETEC Schulbuchverlag
Berlin, Frankfurt a. M.

Inhaltsverzeichnis

Hör mal!

Ofen
olli

L wie Lolli

M
R
K
E
U
T
M
N
A
S

An
Oma
An
Lara
Jana
DEIN
TOM
Hallo Lara
Deine
Oma
AYSE
An

O

O wie

A n   O m a

M ei n e   Sch u l e

D ei n e   L a r a

Unterwegs

Lexi

A a  

Aaaa

M m

Lexi am 

Mama am 

Mimi am 

Momo am 

I i  

Lexi im

Mama am

Mimi im

Mimi
Mo
Lexi im
Lexi im
Lexi im
Lexi ist im .
Lexi im ...

Ma – ma
Ma – mi

Mi – mi
Mi – a

O o

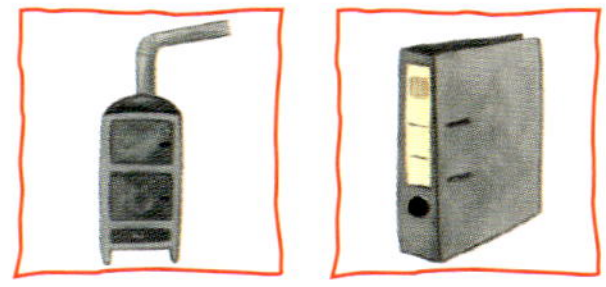

Oma im 

Momo im 

Lexi am 

Oma ist mit Momo im .

Lexi im 

T t 

Lexi mit Toto im 

Toto hat . Hat Lexi ?

Lexi am 

L l

Lexi malt Toto am .

Lexi malt Lola mit .

Lexi malt toll.

Toto soll malen.

Toto lacht.

Toto malt Lexi als Lama.

Gewusst wie ...

T o t o	To to	Toto
L o l a	Lo la	Lola
L i m o	Li mo	Limo
M o m o	Mo mo	Momo
O m a	O ma	Oma

Luft ist überall

S s 

Lexi ist im .
Lola soll mit.

Lola ist im .
Im ist Salami.
So, Toto, lass los!

Lexi ist Pilot.
Lexi sagt: „Los!“
Lola sagt: „O, o!“

F f

Toto ist fit.
Toto ist am Ast.
Toll!

Lola ist froh.
Lexi macht flott ein Foto.

Fotos mit Toto

E e  

Esel am !

Salami im !

Es ist toll.

Momo ist im See.
Mimi malt Esel Emma.
Mama sammelt.
Oma filmt alles.

Am See ist ein Fest.
Alle sind da.

U u  

Es ist Luft im .
Lexi faltet.
Toto faltet.
Uff!

Toto tollt ums .
Lexi summt Lalelu.
Lola summt mit.

Alle wollen Salat mit Salami essen.
Toto redet Unsinn:
„Sulut, Sulumu, Sulumu-Sulut."

Gewusst wie ...

	Salami	Tomate
	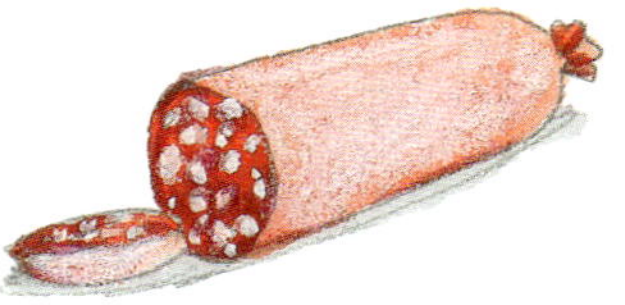	
  A a	Sa la ma	Ta ma ta
  E e	Se le me	Te me te
  I i	Si li mi	Ti mi ti
  O o	So lo mo	To mo to
  U u	Su lu mu	Tu mu tu

P p

Fotos

Toto ist mit Oma am .

Toto sammelt mit Papa .

So ist Totos Familie.

Lola ist mit Mama im .

Lola tollt mit Opa im .

So ist Lolas Familie.

Lexi gefallen alle Fotos.
Totos und Lolas Familien sind nett.

N n 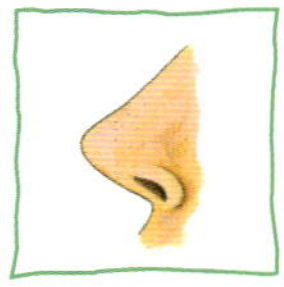

Nina ist mit Nino am See.
Nanu!
Lola ist am See.
Nino nimmt Lola am .
Nina soll Lolas Namen lesen.
„L o l a!
Lola ist nett!“

Nino nimmt Lola mit.
Nina nennt Lola alle Namen:
„Mama, Papa, Nino, Nina Simon.“
Alle fassen Lola an.
Ist Familie Simon nett?

Familie Simon will Lola behalten.
Lola will zu Toto und Lexi.

Ist Lola in Not?

Ch ch

Nun ist es Nacht.
Lexi sucht Lola. Toto sucht mit.

Pocht es? Nino macht Licht.
Es ist nichts.

Alle essen.
Nanu, Lola nicht.
Lola macht nichts.
Ist Lola nicht fit?

Papa plant.
Nina plant mit:
„Am See ist es toll!“
Lola soll mit. Also los!

Lexi und Toto wollen auch mit.
Was wollen sie machen?

Lexi plant mit Toto.

Ei ei 

Lexi ist mit Toto allein.
Lexi plant.
Sein Plan ist toll.
Toto lacht.

Familie Simon ist am See.
Alle essen ein Eis.
Lola muss an eine Leine.

Toto macht Unsinn.
Nino muss lachen.
Lexi macht Lolas Leine los.
Lexi nimmt Lola mit.

Nun ist Lola wieder frei.
Lola ist so froh.

Familie Simon sucht Lola.

Oma | Nina | Mama
Opa | Nino | Papa

ich | ach
nicht | macht
Licht | Nacht

Nino
Nino nimmt
Nino nimmt Lola
Nino nimmt Lola am
Nino nimmt Lola am Seil
Nino nimmt Lola am Seil mit.

Roman

R r 

Toto nimmt eine rosa Murmel.
Er rollt seine Murmel in ein Loch.
Nun nimmt Lexi eine rote Murmel.
Rollt Lexis Murmel ins Loch?
Nein, Lexis rote Murmel rollt
unter einer Tanne ins Moos.

Roman sucht im Moos
nach tollen Sachen.
O, eine rote Murmel!
Roman nimmt Lexis Murmel.
Er rast mit seinem Roller fort.

Lola ruft: „Alarm!“
Sofort eilen alle Roman nach.

Alle folgen Roman.
Romans Roller rollt schnell.
Nun aber rasch hinterher.

Alle rennen, rasen, eilen ...

D d 

Roman ist im .
Er nimmt seine runde Dose.
Darin sammelt Roman
seine tollen Sachen.
Nun landet Lexis Murmel
in der Dose.

H h 

Als Roman fort ist, ruft Lexi:
„Ich hole meine Murmel!“

Lexi ist am Fenster.
Da ruft er:
„Hilfe! Dort ist ein Monster!“
Lola lacht:
„Ach Lexi,
das ist doch nur ein Hund!
Das ist Hasso.“

Lola kennt den Hund.
Es ist Hasso.
Hasso ist kein Monster.
Hasso ist ein ganz netter Hund.

Lola hilft Lexi.

ie

Lola ist am Fenster.
Sie redet mit Hasso:
„Du musst uns helfen.
Roman hat Lexis Murmel.“
Da hat Hasso eine Idee.

Roman liest die Nachricht.
Sofort nimmt er Papier
und einen 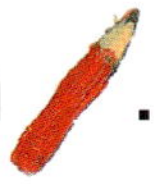.
Dann holt er die Murmel.
Er rast in den .
Roman rollt die Murmel
unter die Tanne.

Lexi bekommt seine Murmel wieder.
Er freut sich.
Nun ist alles wieder gut.

An Lexi, Lola und Toto
Die Murmel ist unter der Tanne.
Es tut mir leid.
Roman

An Roman

Seifendose

Sei
Sei fen
Sei fen do
Sei fen do se

Malerhose

Ma
Ma ler
Ma ler ho
Ma ler ho se

Hundeleine

Hun
Hun de
Hun de lei
Hun de lei ne

Krächz!
Piep-Piep!
Tock-Tock!

W w 

„Warum riecht es hier nur so seltsam?“,
murmelt Lola.
Toto wundert sich.
Was Lola wohl wieder wittert?
Und Lexi?
Lexi riecht nur
Erde, Wald und Moos.

„Was riechst du denn, Lola?“,
will Toto wissen.
Lola sieht Toto an.
Nach einer Weile antwortet sie:
„Hm, da ist etwas in der Luft.“
„Dann sehen wir doch nach,
was es ist!“, ruft Lexi.

Was riecht Lola?

Lola hat eine feine Nase.
Mit ihr kann sie
prima schnuppern.

K k 

„Kommt her!“
Toto winkt Lola und Lexi heran.
Was ist denn da los?
Toto sieht einen Mann in einem Traktor.
Und Lola entdeckt einen Kanister.
Sie holt tief Luft.
Iiii!
Nun kann sie sich denken,
woher der seltsame Duft kommt!

Lexi presst sich die Pfoten
an die Ohren.
Ist das ein Krach!
Alle Tiere des Waldes fliehen.
Eine Tanne knackt.
Ein Ast kracht herunter.
Die Tanne kippt um.
So ein Krach!

Lexi hält sich die Ohren zu.
Ist das laut!
Das tut ja richtig weh!

Was ist nur los im Wald?

Sch sch 

Endlich ist wieder Ruhe im Wald.
„Seht mal, ein Schild!“, ruft Lexi.
„Hier darf man kochen.“

Toto ruft: „Schnell Lola, hol einen Ast!“
Schon sucht er seine Fische.
Lola schnuppert:
„Hm, die Wurst duftet lecker!“
Lexi lacht: „Das wird schmecken!“

B b 

Bald wollen Lexi, Lola und Toto schlafen.
Doch da schwebt ein Blatt herunter.
Dann noch eins und noch eins.
Der Wind wirbelt alles herum.
„Schnell unter die Bank!“, ruft Lola.
„Sonst werden wir nass!“
„Wir sollten etwas unternehmen!“,
ruft Lexi. „Wer hat eine Idee?“

Es muss etwas geschehen! Was können sie nur tun, um sich vor dem Regen zu schützen?

Lexi, Lola und Toto
haben einen Plan ...

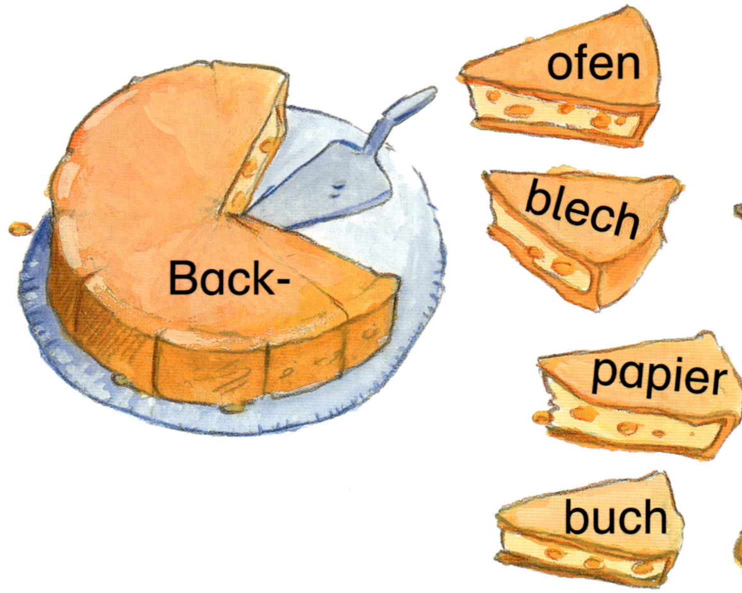

Wald 

Wald 

Wald 

Wald 

Schr – ank 
Schr – ott 

Schl – itten 
Schl – oss 

Schw – ein 
Schw – amm 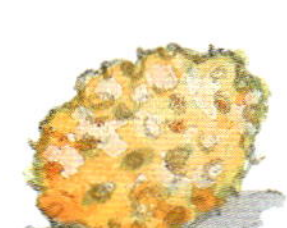

Schn – ecke 
Schn – abel 

Bauplan

Au au

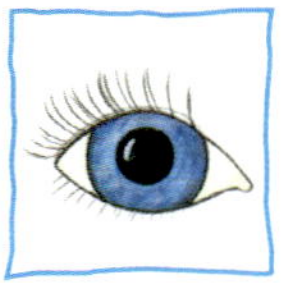

Lexi und Toto sind auf einem Baum.
Sie wollen ein Haus bauen.
Es soll ein Baumhaus werden.
Lola will auch helfen.
Aber wie kommt sie hinauf?

Lexi hat eine schlaue Idee.
Er holt das blaue Seil
und wirft es hinunter.
Auch Toto hilft.
Er bindet das Seil um Lolas Bauch.
Toto macht einen Knoten.
Nun brauchen Lexi und Toto Kraft.
Sie holen Lola hoch.
Hau ruck!

Hau ruck, hauri, haura,
gleich ist die Lola da.

Hau ruck, hauri, hauro,
da sind wir aber froh.

Das Haus sieht wirklich gut aus.
Lexi will noch ein Regal bauen.
Er nimmt einen Nagel.
Toto gibt Lexi den Hammer.
Geschafft!
Lexi grinst,
weil alles so gut geworden ist.

Was macht eigentlich Lola?
Lola sucht eine Maus im Gras.
Lauf schnell, kleine Maus!

Sp sp 

Es regnet.
Lexi, Toto und Lola
spielen Karten.
Es ist ein tolles Spiel!

Auf einmal ruft Lola:
„Toto mogelt.
Das ist gemein!“
Lexi ist sprachlos.
Toto wird rot im Gesicht.
Er schaut auf den Boden.

Toto schämt sich.
Wenn er doch nicht gemogelt hätte!

Was machen Lexi und Lola
nun mit Toto?

Z z 

Nun ist es schon ganz dunkel.
Toto legt Decken auf den Holzboden.
Lexi macht eine Kerze an.
Er hat ein spannendes Buch dabei.
Lola und Toto lauschen.
Es ist eine Geschichte
mit einem Zauberer.

Nach der Geschichte
kann Toto nicht einschlafen.
Er sitzt da und zittert.

Lola schaut ihn an.
Toto tut ihr leid.
Wie kann sie ihm nur helfen?
Sie kratzt sich am Ohr
und denkt nach.
Dann nimmt sie Toto in den Arm.
Lola sagt: „Bei uns bist du sicher.“
Schon geht es Toto besser.
Lexi darf die Kerze ausmachen.

Lola träumt.
Der Zauberer zaubert
einen Knochen für sie.

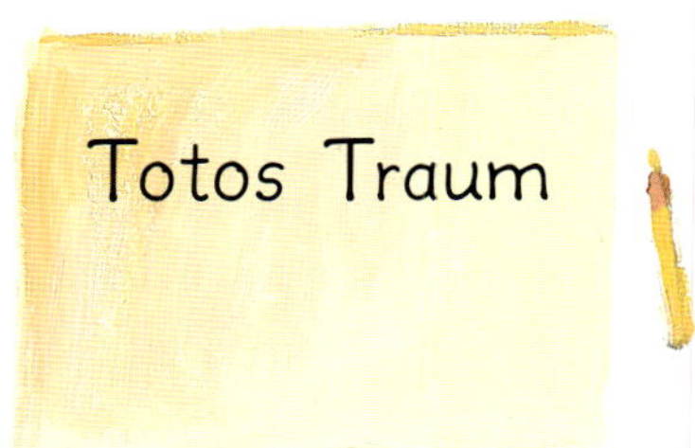

Lexi, Toto und Lola bauen eine Maus.
ein Haus.
eine Laus.

Sie bauen das Haus in einem Traum.
Raum.
Baum.

Lexi ist blau.
grau.
schlau.

Lexi zaubert.
Lexi zaubert eine Maus.
Lexi zaubert eine Maus ins Haus.

Lexi baut.
Lexi baut ___ .
Lexi baut ___ ___ .

Bücher und mehr

V v

Diese Vogelart kommt in Amerika vor.
Es sind Pelikane.
Sie schwimmen und tauchen viel.
Unten an ihrem Schnabel
haben sie einen Hautsack.
Damit holen sie mehr als vier Fische
auf einmal aus dem Wasser.
Das ist mein Vater!
Vorsicht! Vielleicht irrst du dich!

Toto versucht sich zu erinnern:
„Ich habe viel von meinem Vater gelernt.
Er ist einer der besten Taucher!
Und er kann fliegen wie der Blitz!
Er hat mir gezeigt, wie man Kurven fliegt.
Ich vermisse ihn sehr.“

„Heute kann ich richtig gut Kurven fliegen.
Mein Vater wäre sicher stolz auf mich.“

Toto erinnert sich ...

St st

Pelikane legen bis zu drei Eier.
Wenn die kleinen Pelikane
aus ihren Eiern kommen,
bleiben sie noch mehrere Wochen
bei ihren Eltern.

Bald lernen sie fliegen und tauchen.
Sie steigen hoch in die Luft.
Dann fliegen sie im Sturzflug steil hinunter.
So fischen sie.

C c

Toto verschickt eine Nachricht
mit dem Computer.

Lexi kennt eine Suchmaschine.
Dort tragen sie das Wort „Pelikane“ ein.

Lola liest einen Comic.

Eu eu 

Heute ist Post aus Amerika angekommen.
In einem Beutel stecken neun Prospekte.
Toto entdeckt zwei Videos und eine CD.

Lexi, Lola und Toto freuen sich.
Sie spielen gleich die neue CD ab.
Totos Augen leuchten.

Lola staunt:
Es gibt sogar einen Ort in Amerika,
an dem man sich Bilder
von den Vorfahren der Pelikane ansehen kann.

Es war eine gute Idee,
eine E-Mail an das Vogelcenter zu schreiben!

Lexi hat eine Anzeige entdeckt.
Toto liest sie und ruft:
„Los, Freunde, auf ins Abenteuer!
Das ist die Gelegenheit!“

Die drei Freunde sind begeistert:
Hurra, sie segeln nach Amerika!
Mit dem Flugzeug ist es leider zu teuer.
Doch mit dem Segelboot kostet die Reise
nur ein paar Euro.
Sie rufen sofort an.

Toto ist sehr aufgeregt.
Er träumt davon, schon bald
seine Familie wiederzusehen.

Am Telefon meldet sich nur
der Anrufbeantworter.
Es ist eine nette Stimme.
Lexi spricht auf das Band.

Auf dem Meer schwimmt ...

Auf dem Stein steht ...

Auf dem Ast ist ...

In dem Nest liegt ...

... ein Nest.

... ein Ei.

... ein Pelikan.

... ein Vogel.

Was ist das?

eine rote Nase
ein breiter Mund
ein bunter Anzug
und Riesenschuhe an

Das ist Pippi.

Das ist
Onkel Eugen.

Das ist
ein Clown.

Was ist das?

zweitausend Federn
ein krummer Schnabel
zwei kurze Beine
zwei scharfe Augen
und schaurige Schreie
in der Nacht

Das ist
ein Pelikan.

Das ist ein
Indianer.

Das ist
eine Eule.

Ä ä 

Toto hält eine Rede:

„Liebe Freunde!
Wir werden nun auf die Reise gehen.
Wir werden fremde Länder sehen
und tolle Häfen und Strände ansteuern.
Wir werden viele Abenteuer erleben.
Und es wird sicher auch gefährlich werden!

Doch keine Sorge!
Ich als der Älteste bin auf alles vorbereitet.
Euer Kapitän hat alles im Griff!
Also, achtet auf mein Kommando!“

Ü ü  

Lola ärgert sich:
„Toto, was soll der Überfall?
Du willst unser Anführer sein?
Wieso das denn?“

Auch Lexi ist entrüstet:
„Du bist wohl übergeschnappt!
Da dürfen wir doch wohl
auch noch mitreden!“

Toto tut so, als wäre er der Chef.
Das wollen sich Lexi und Lola
nicht gefallen lassen.

J j

Fast wären die Freunde
vor lauter Streit nicht gefahren.
Doch da ruft Lexi:
„Schluss jetzt!
Jeder macht das,
was er am besten kann."
Lola jauchzt:
„Das finde ich gut!"
Toto brummt nur:
„Na ja, von mir aus."

Sofort beginnt Lola zu überlegen:
„Lexi, du wärst bestimmt ein guter Kapitän."
Lexi stimmt ihr zu:
„Ja, ich kann ganz gut Schiffskarten lesen."
Toto hat sich wieder beruhigt und ruft:
„Dann kümmere ich mich um das Essen!"
Auch Lola findet eine Aufgabe:
„Ich halte Ausschau und verjage Piraten."

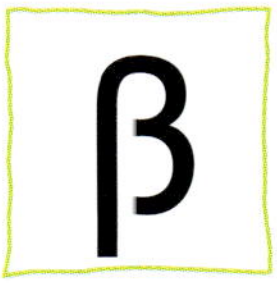

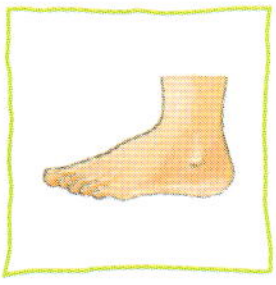

Von nun an bereitet sich jeder auf die große Reise vor.

Lexi übt mit dem Kompass.
Damit weiß er immer genau,
wie er steuern muss.

Lola übt fleißig Piraten verjagen.
Sie bellt gefährlich.
Heute probt sie
mit einem alten Schuh.

Toto belädt das Schiff.
Er trägt große Gefäße
in die Kombüse.
Puuh, da wird ihm ganz heiß!

Was müssen sie
noch mitnehmen?
Lexi macht eine Liste.

Ö ö  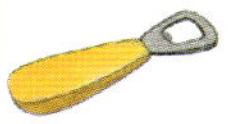

Toto möchte nun so schnell wie möglich los,
aber das Schiff ist noch nicht fertig.
Jeden Tag nörgelt Toto lauter.
Doch es nützt nichts!
Immer muss noch etwas anderes erledigt werden.

Erst sind ein paar Bretter an Deck lose.
Lexi muss sie befestigen.
Dann hat das Segel noch Löcher.
Toto und Lola müssen das Segel flicken.

Zum Schluss fehlt dann nur noch etwas Öl.
Lexi geht los, um es zu besorgen.
Toto flattert nervös auf dem Deck herum.
Ungeduldig fliegt er immer wieder in die Höhe
und hält nach Lexi Ausschau.

Äu äu 

Und was macht Lola?
Die bräunt sich faul in der Sonne.
Die Äuglein sind ihr zugefallen.
Sie träumt und hört in der Ferne
die Schiffsglocke läuten.

Da kommt Lexi mit dem Öl.
Endlich ist alles fertig!
Lexi pfeift ein Seemannslied.
Sofort stimmen alle fröhlich mit ein.

1.
Eine Seefahrt, die ist lustig,
eine Seefahrt, die ist schön,
denn da kann man fremde Länder
und noch manches andre seh'n.
Hol-la-hi, hol-la-ho,
hol-la-hi-a hi-a hi-a, hol-la-ho.

Lexi, Lola und Toto dichten weiter:

2.
Totos Eltern woll'n wir finden, ...

Wo ist die Maus?

Wo ist die Maus?
Ist sie **im** Haus?
Oder ist sie schon **auf** Deck?
Liegt sie etwa **hinterm** Speck?
Hat sie sich **am** Mast versteckt
und Toto **unterm** Hut geweckt?
Schaut sie aus der Luke raus?
Ja, wo ist denn nun die Maus?

Ich packe meinen Koffer ...

Wie viele Gegenstände kannst du dir merken?

Wasser, Wind und Wellen

X x 

Die Reise kann losgehen.
Das Boot ist fix und fertig.
Doch Lola geht noch einmal von Bord.
Sie hat im Schilf eine kleine Nixe entdeckt.
Aufgeregt ruft Lola:
„Halt! Die Nixe muss mit!
Sie soll uns begleiten und beschützen!“

Nun kann die Reise losgehen.
Verflixt, nun muss auch Lexi
noch einmal an Land.
Seine Karten liegen noch am Strand.
Es ist wie verhext!
Endlich sind alle wieder an Bord.
Jetzt kann die Reise aber losgehen!

Qu qu 

Toto, Lexi und Lola sind schon
viele Tage unterwegs.
Heute weiß Toto nicht, was er tun soll.
Schwimmen und Tauchen machen ihm
keinen Spaß.
Im Wasser sind Feuerquallen.

Toto will mit Lola und Lexi Quartett spielen.
Doch Lexi liegt bequem an Deck und schläft.
Schade!

Da hat Toto eine Idee.
Er läuft quer übers Deck
und holt einen Eimer Wasser.
Damit will er Lexi wecken.
Doch Lola ruft: „Toto, lass den Quatsch!“
Schade!

Was kann Toto bloß spielen?

Y y

Plötzlich verdunkelt sich der Himmel.
Der Wind weht stärker und stärker.
Das Schiff schaukelt
auf den Wellen hin und her.
Ein Sturm zieht auf!

Lola mag den Sturm nicht.
Sie verkriecht sich und jault leise.
„Typisch Lola!“, denkt Toto.
Da ruft Lexi:
„Lola, du bist doch kein Baby mehr!
Hilf uns lieber!
Wir müssen das Schiff sturmfest machen!“

Schnell holen sie die Segel ein
und binden alles fest.
Gerade noch rechtzeitig!
Denn nun geht der Sturm erst richtig los.

Endlich ist der Sturm vorüber.
Doch was ist mit dem Schiff?
Im Segel ist ein Loch.
Ein Brett ist lose.
Und überall liegen Lexis Karten.

Alle räumen auf.
Lexi sortiert seine Karten:
Ägypten, Amerika, Syrien, Zypern ...
Zum Glück sind noch alle da!
Bald ist alles aufgeräumt und repariert
und die Reise kann weitergehen.

Am Abend schreibt Lexi
ins Logbuch:

ng 

Toto sitzt auf dem Rettungsring.
Er schaukelt auf dem Wasser hin und her.

Da ruft Lola:
„Los, Toto, an deine Arbeit!
Du musst Fische fangen.
Sonst knurrt uns bald vor Hunger der Magen!“
Schon stürzt sich Toto ins Wasser.
Er braucht keine Angel.
Sein Schnabel ist ein gutes Fischernetz.

Es dauert nicht lange,
da ist der Eimer randvoll mit Fischen.

Schon seit einer Stunde sitzt Lexi im Ausguck.
Nichts. Nur Wasser. Nichts als Wasser.
Doch plötzlich ...
Was ist das?
Lexi traut seinen Augen nicht.
Aufgeregt ruft er: „Land! Land in Sicht!“

„Wie? Wo? Was?“, stammelt Toto.
Er ist ganz aus dem Häuschen
und flattert wie wild an Bord herum.
Dann fliegt er los, dem Horizont entgegen.

Lola und Lexi stehen an der Reling
und schauen ihm hinterher.
Sind sie wirklich am Ziel angekommen?
Wird Toto seine Familie finden?

Sie sind gespannt,
welche Abenteuer an Land auf sie warten!

Unterwegs
Wohin flüchtet Lexi, als es anfängt zu regnen?

Luft ist überall
Welche Wolkenbilder sehen Lola und Lexi?

Freunde
Wo findet Roman Lexis Murmel?

Spielen
Welche Geschichte liest Lexi Lola und Toto vor?

Ich und du
Welche Aufgabe hat Toto an Bord?

Alles ist neu
Was will Toto Lexi beibringen?

Familien
Wer lenkt Familie Simon von Lola ab?

Mit allen Sinnen
Was riecht Lola im Wald?

Bücher und mehr
Was schickt Toto nach Amerika?

Wasser, Wind und Wellen
Wer sieht zuerst Land?

Das Lesen

Das Lesen, Kinder, macht Vergnügen,
Vorausgesetzt dass man es kann.
In Straßenbahnen und in Zügen,
Und auch zu Haus liest jedermann.
Wer lesen kann und Bücher hat,
Ist nie allein in Land und Stadt.
Ein Buch, das uns gefällt,
Hilft weiter durch die Welt.

James Krüss

Das Abra-Bebra-Cebra

Der Lehrer Gustav Abra-
ham zeichnete in Bebra
zum Schulanfang ein Cebra
und schrieb in Streifen auf das Fell
D – E – F – G
H – I – J – K – L
M – N – O – P
Q – R – S – T
U – V – W – X und Ypsilon.
Da rief das Cebra: „Mach doch schon!
Das Z ist für mich wichtig –
nun schreib mich endlich richtig!“

Hans Baumann

Entwischt

Aus der Tasche sprang mir heut
ein Apfel. Ich rief: „He!“
Er hörte nicht. Er lief hinab
die Tre-
pe-
pe-
pe-
pe-
pe-
pe-
pe-
pe-
pe-
pe-
pe-
pe-.

Josef Guggenmos

Was Kindern Spaß macht

Punkt, Punkt, Komma, Strich,
fertig ist das Mondgesicht.
Mit zwei spitzen Ohren,
so wird sie geboren.
Ritze, ratze, ritze, ratze,
fertig ist die Miezekatze.

Ein alter Abzählreim

Ich und du,
Müllers Kuh,
Bäckers Esel,
der bist du.

Zungenbrecher

Fischers Fritze fischt frische Fische,
frische Fische fischt Fischers Fritze.

Zwischen zwei Zwetschgenzweigen
zwitschern zwei Schwalben.

In Ulm und um Ulm und um Ulm herum.

Hallo, ich bin Pedro.

Ich komme aus Brasilien.
Einige meiner Freunde können nicht in die Schule gehen.
Sie arbeiten auf dem Feld mit, damit sie und ihre Familien genug zu essen haben.

Pedro

Wir sind Bao Cheng und Wang Xin.

保成

王新

Wir leben in China.
In unserer Schule tragen wir Schuluniformen.
Wir schreiben bei uns von oben nach unten.
In unserer Sprache steht oft ein einziges Zeichen für ein ganzes Wort.

Mädchen	Junge
女孩	男孩

Ich bin Anna, aber alle rufen mich Anja.

Meine Heimat ist Russland.
Jeden Tag fahre ich
mit der Metro zur Schule.
Dort lernen wir lesen,
rechnen und schreiben.
Unsere Schrift
nennt man kyrillisch.

Alle Kinder dieser Erde

Lore Kleikamp/Detlev Jöcker

Was macht der Wind?

Die Luft ist ständig in Bewegung.
Selbst wenn es unten auf der Erde windstill ist,
weht hoch oben am Himmel der Wind.
Der Wind bringt warme oder kalte Luft mit.
Dadurch ändert sich dann das Wetter bei uns.
Er bläst die Wolken vom Meer zum Land.
Ohne Wind würde es über dem Land kaum regnen.

Der Wind treibt Windräder an, die Energie erzeugen.
Er lässt Drachen in den Himmel steigen
und lässt Segelboote über das Wasser gleiten.

Bau dir doch ein Segelboot!

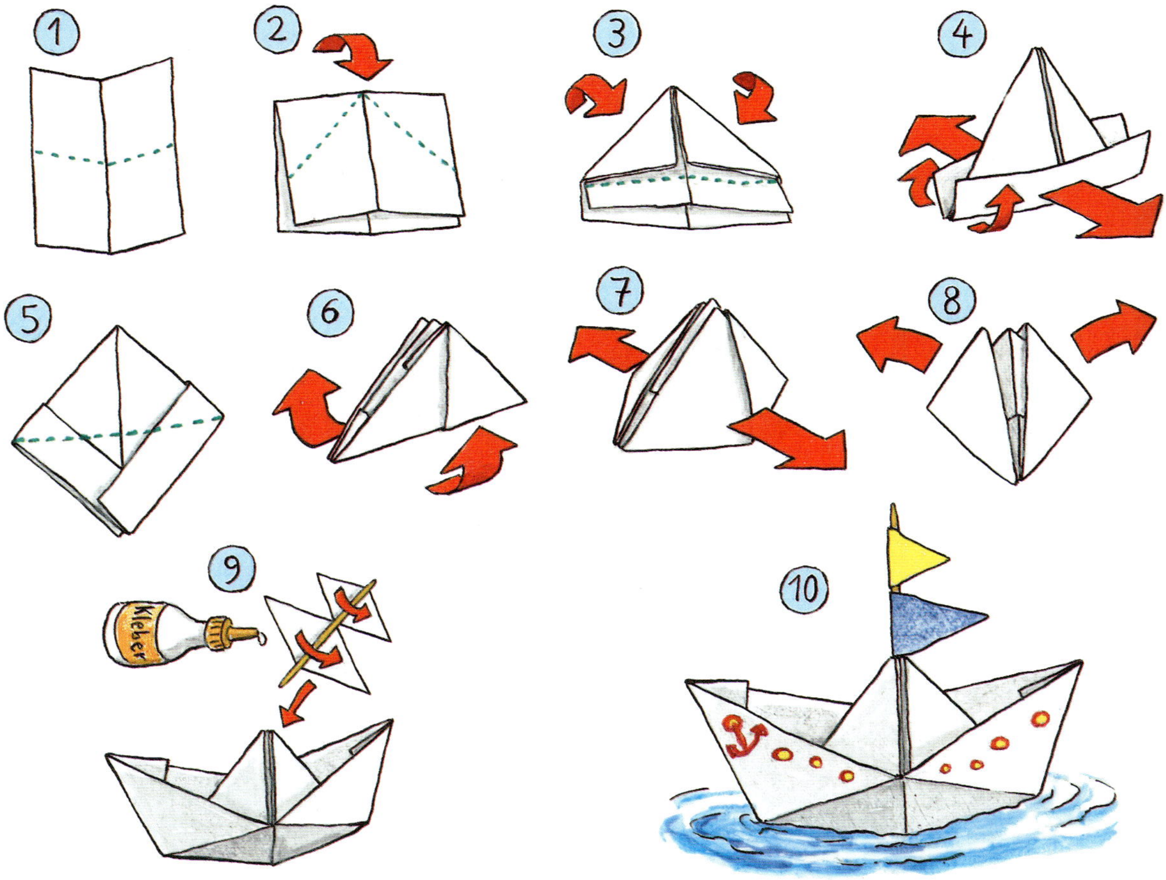

Der Wind geht ums Haus

Der Wind sucht da und dort herum.
Er dreht einen leeren Zementsack um.

Er zaust die Amsel auf der Hecke.
Er jagt ein paar Blätter um die Ecke.

Aber jetzt hat er was Bess're entdeckt:
ein Windrad, vorm Haus in den Rasen gesteckt.

Josef Guggenmos

Frederick

Rund um die Wiese herum,
wo Kühe und Pferde
grasten, stand
eine alte, alte
Steinmauer.
In dieser Mauer –
nahe bei Scheuer
und Kornspeicher –
wohnte eine Familie
schwatzhafter Feldmäuse.
Aber die Bauern waren weggezogen, Scheuer und Kornspeicher standen leer. Und weil es bald Winter wurde, begannen die kleinen Feldmäuse Körner, Nüsse, Weizen und Stroh zu sammeln. Alle Mäuse arbeiteten Tag und Nacht. Alle – bis auf Frederick.

„Frederick, warum arbeitest du nicht?“, fragten sie.
„Ich arbeite doch“, sagte Frederick, „ich sammle Sonnenstrahlen für die kalten, dunklen Wintertage.“

Und als sie Frederick so dasitzen sahen,
wie er auf die Wiese starrte,
sagten sie:
„Und nun, Frederick, was
machst du jetzt?“
„Ich sammle Farben“, sagte er
nur, „denn der Winter ist grau.“

Und einmal sah es so aus,
als sei Frederick halb eingeschlafen.

„Träumst du, Frederick?“, fragten sie vorwurfsvoll.
„Aber nein“, sagte er, „ich sammle Wörter.
Es gibt viele, lange Wintertage – und dann wissen wir nicht mehr, worüber wir sprechen sollen.“

Als nun der Winter kam und der erste Schnee fiel, zogen sich die fünf kleinen Feldmäuse in ihr Versteck zwischen den Steinen zurück.
In der ersten Zeit gab es noch viel zu essen und die Mäuse erzählten sich Geschichten über singende Füchse und tanzende Katzen.
Da war die Mäusefamilie ganz glücklich!

Aber nach und nach waren fast alle Nüsse und Beeren aufgeknabbert, das Stroh war alle und an Körner konnten sie sich kaum noch erinnern.
Es war auf einmal sehr kalt zwischen den Steinen der alten Mauer und keiner wollte mehr sprechen.

Da fiel ihnen plötzlich ein, wie Frederick von Sonnenstrahlen, Farben und Wörtern gesprochen hatte.
„Frederick“, riefen sie,
„was machen deine Vorräte?“ …

Leo Lionni

Der alte Pullover

Rika sitzt auf einem Stein.
Hier sitzt sie immer,
wenn sie traurig ist oder wütend.
Meist kommt Papa dann
und bringt sie wieder zum Lachen.
Doch heute kommt er nicht.
Denn seit gestern ist alles anders.

Mama und Papa haben sich böse und laut gestritten.
Rika hat sich beide Ohren fest zugehalten,
aber den Streit hat sie nicht wegzaubern können.

Dann ist es plötzlich ganz still geworden.
Vorsichtig ist Rika in die Küche geschlichen.
Dort hat Mama am Küchentisch gesessen und geweint.
Und Papa, wo war Papa?
Rika hat ihn im ganzen Haus gesucht. Er war fort!
Einen einzigen, alten Pullover hat er
in seinem Schrank liegen gelassen.
„Papa kommt nicht wieder", hat Mama gesagt.
Aber er kann doch nicht einfach so gehen!

Rika drückt sich den alten Pullover an ihre Nase.
Sie kann ihren Papa ganz genau riechen,
so als ob er neben ihr auf dem Stein sitzen würde.

Das Lied von den Gefühlen

Wenn ich glücklich bin,
weiβt du was?
Ja, dann hüpf ich wie ein Laubfrosch
durch das Gras.
Solche Sachen kommen mir so in den Sinn,
wenn ich glücklich bin,
glücklich bin.

Wenn ich wütend bin,
sag ich dir,
ja, dann stampf und brüll ich
wie ein wilder Stier.
Solche Sachen kommen mir so in den Sinn,
wenn ich wütend bin,
wütend bin.

Wenn ich albern bin,
fällt mir ein,
ja, dann quiek ich manchmal
wie ein kleines Schwein.
Solche Sachen kommen mir so in den Sinn,
wenn ich albern bin,
albern bin.

Klaus W. Hoffmann

Das leise Gedicht

Wer mäuschenstill am Bache sitzt,
kann hören, wie ein Fischlein flitzt.

Wer mäuschenstill im Grase liegt,
kann hören, wie ein Falter fliegt.

Wer mäuschenstill im Bette lauscht,
kann hören, wie der Regen rauscht.

Wer mäuschenstill im Walde steht,
kann hören, wie ein Rehlein geht.

Wer mäuschenstill ist und nicht stört,
kann hören, was man sonst nicht hört.

Alfred Könner

Das Bäumchen

Am Rande eines Weges hatten Kinder ein Bäumchen gepflanzt. Es war zwar noch klein, aber es hatte schon seine Wurzeln ins Erdreich geschlagen und war schon ein Stück gewachsen.
Eines Tages ging ein Mädchen vorüber. Es riss ein Blatt ab und warf es weg.
Nicht lange danach kam ein Junge den Weg entlang und brach einen kleinen Zweig ab.
Es dauerte eine Weile, da lief eine Ziege daher. Sie knabberte an den Zweigen herum, fraß ein Stückchen Rinde ab und trabte weiter.
Nun fuhr ein Radfahrer den Weg entlang. Er wollte ein wenig ausruhen und lehnte sein Rad an das Bäumchen. Dabei schürfte er etwas Rinde ab.
Ein wenig später spazierte ein großer Junge vorbei, der ein neues Taschenmesser bekommen hatte und es ausprobieren wollte. Mit einem Schnitt trennte er die Krone des Bäumchens ab und war zufrieden, dass sein Messer so schön scharf war.
Das Bäumchen aber verdorrte.
Eines Tages kamen die Kinder, die es gepflanzt hatten, vorüber. „Seht nur, wie schade!“, sagten sie, „Ob hier keine Bäumchen wachsen können?“

Unbekannter Verfasser

Das Rübchen

Der Großvater hatte ein Rübchen gesät.
Es wuchs und wurde riesengroß,
und der Großvater ging die Rübe ernten.
Er zog und zog,
konnte sie aber nicht herausziehen.

Da rief der Großvater **die Großmutter.**
Die Großmutter hielt den Großvater fest,
der Großvater hielt die Rübe fest.
Sie zogen und zogen,
konnten sie aber nicht herausziehen.

Da rief die Großmutter **die Enkelin.**
Die Enkelin hielt die Großmutter fest,
die Großmutter hielt den Großvater fest,
der Großvater hielt die Rübe fest.
Sie zogen und zogen,
konnten sie aber nicht herausziehen.

Da rief die Enkelin **die Hündin.**
Die Hündin hielt die Enkelin fest,
die Enkelin hielt die Großmutter fest,
die Großmutter hielt den Großvater fest,
der Großvater hielt die Rübe fest.
Sie zogen und zogen,
konnten sie aber nicht herausziehen.

Da rief die Hündin **die Katze.**
Die Katze hielt die Hündin fest,
die Hündin hielt die Enkelin fest,
die Enkelin hielt die Großmutter fest,
die Großmutter hielt den Großvater fest,
der Großvater hielt die Rübe fest.
Sie zogen und zogen,
konnten sie aber nicht herausziehen.

Da rief die Katze **die Maus.**
Die Maus hielt die Katze fest,
die Katze hielt die Hündin fest,
die Hündin hielt die Enkelin fest,
die Enkelin hielt die Großmutter fest,
die Großmutter hielt den Großvater fest,
der Großvater hielt die Rübe fest.
Sie zogen und zogen,
und sie haben die Rübe herausgezogen!

Russisches Märchen

Bei Müllers hat's gebrannt

1

2

3

4

1	2	1	3	1	4	4	4
Bei	Mül -	lers	hat's	ge -	brannt,	-brannt,	-brannt,
da	bin	ich	hin -	ge -	rannt,	-rannt,	-rannt.
Da	war	ein	Ap -	fel -	baum,	-baum,	-baum,
da	wollt'	ich	Äp -	fel	klau'n,	klau'n,	klau'n.
Da	kam	ein	Po -	li -	zist,	-zist,	-zist,
der	schrieb	mich	auf	die	List',	List',	List'.
Die	List',	die	fiel	in 'n	Dreck,	Dreck,	Dreck,
da	war	mein	Na -	me	weg,	weg,	weg.
Da	lief	ich	schnell	nach	Haus,	Haus,	Haus,
zu	mei -	nem	Bru -	der	Klaus,	Klaus,	Klaus,
da	war	die	G'schich -	te	aus,	aus,	aus.

Die Jahresuhr

Januar, Februar, März, April,
die Jahresuhr steht niemals still.

Mai, Juni, Juli, August,
weckt in uns allen die Lebenslust.

September, Oktober, November, Dezember,
und dann, und dann
fängt das Ganze schon wieder von vorne an.

Rolf Zuckowski

Mein Drachen

Schaut, mein Drachen fliegt!

Schaut, mein Drachen tanzt!

O weh, wo ist mein Drachen?

Sankt Martin

Martin traf einen Bettler.
Der hatte nur Lumpen an und fror.
Da teilte Martin seinen Mantel
mit dem Bettler.
Das war vor langer Zeit.
Noch heute denken wir daran.
Immer im November basteln wir Laternen
und singen Martinslieder.

Martinslied

Laterne, Laterne,
Sonne, Mond und Sterne.
Brenne auf, mein Licht,
brenne auf, mein Licht,
aber nur meine liebe Laterne nicht.

Freude schenken

Nimm zwei halbe  .

Male die  an. 

Schreibe einen 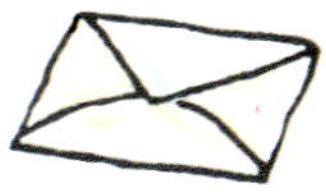 .

Lege den  in die 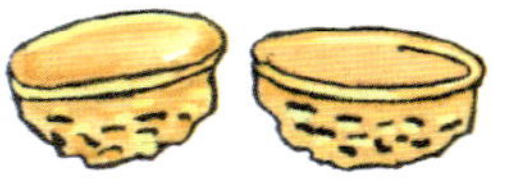 .

Klebe ein 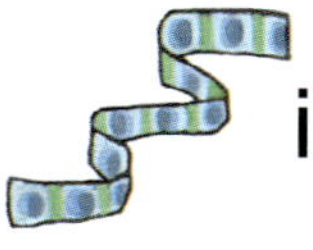 in die  . 

Weihnachten

Als die Nacht aber am dunkelsten war, da erklang in der Stille der erste Schrei eines neugeborenen Kindes.

Feste aus aller Welt

Ayse erzählt:
„Wir feiern Şeker Bayramı.
Das ist das islamische Zuckerfest.
Es dauert drei Tage.
Alle schenken sich süße Sachen.
Das Zuckerfest beendet
den Fastenmonat Ramadan."

Jonas erzählt:
„Wir feiern Chanukka,
das jüdische Lichterfest.
Das Fest dauert acht Tage.
Jeden Abend zünden wir
eine Kerze mehr an.
Dabei denken wir an die Einweihung
des Tempels in Jerusalem."

Es schneit

Es schneit! Es schneit!
Kommt alle aus dem Haus!
Die Welt, die Welt
sieht wie gepudert aus.

Es schneit! Es schneit!
Das müsst ihr einfach seh'n!
Kommt mit! Kommt mit!
Wir wollen rodeln geh'n.

Rolf Zuckowski

Faschingskostüm-Rätsel

Des Nachts schleich ich von Dach zu Dach,
ganz leis' bin ich, mach keinen Krach.
(Die Katze)

Meist trag ich eine Zipfelmütze
und mache für die Kinder Witze.
(Der Kasper)

Ich bin ein Schreck für reiche Leute,
bei ihnen mach ich fette Beute.
(Der Räuber)

Ich kann reiten auf dem Besen
und in Zauberbüchern lesen.
(Die Hexe)

Geschichte von der gestohlenen Stunde

Die Sonne kitzelt Lena in der Nase.
Wie schön, denkt Lena, heute ist Sonntag.
Und es ist Frühling. März.
Sie reibt sich den Schlaf aus den Augen
und schaut auf den Wecker:
gleich acht Uhr, Zeit aufzustehen.
Sie geht in die Küche.
Dort steht nur ihr Frühstück
einsam auf dem Küchentisch.
Warum ist hier keiner?
Lena schaut sich um.
Ihr Blick bleibt
an der großen Küchenuhr hängen.
Was ist das? Neun Uhr?
Da schlägt auch die alte Kirchturmuhr
neunmal.
Irgendetwas stimmt hier nicht:
Eben war es doch noch acht!
Was ist hier los?

Unterm Baum im grünen Gras

Unterm Baum im grünen Gras
Sitzt ein kleiner Osterhas'.
Putzt den Bart und spitzt das Ohr,
Macht ein Männchen, guckt hervor.
Springt dann fort mit einem Satz,
Und ein kleiner frecher Spatz
Schaut jetzt nach, was denn dort sei.
Und was ist's? Ein Osterei!

Volksgut

Sorbische Ostereier

Die Sorben leben in der Lausitz.
Das ist eine Landschaft
im Osten Deutschlands.
Die meisten Sorben sprechen
Deutsch und Sorbisch.
Sie sind wahre Meister
im Anmalen von Ostereiern.
Jedes Ei ist ein kleines Kunstwerk.

Auch du kannst Ostereier anmalen.
Probiere es doch mal mit Wasserfarben aus!

Wir erforschen Insekten

Das braucht ein Insektenforscher:
eine Gartenschaufel,
ein Fangnetz oder Küchensieb
und ein weißes Tuch,
ein Glas mit Schraubdeckel oder eine Schachtel,
Papier oder Moos zum Auslegen,
eine Lupe,
ein Bestimmungsbuch
und einen Notizblock.

Beobachte dein Insekt und notiere,
wo und wann du es gefunden hast und wie es aussieht.
Schlag seinen Namen im Bestimmungsbuch nach
und schreibe ihn auf. Lass das Insekt dann wieder frei!

Mittsommer in Bullerbü

Am ersten Abend in den Sommerferien gehen wir immer zum Nordhof-See und angeln. Ich weiß nichts, was so sommerlich ist wie Angeln. (...)
Lasse nennt den Abend, an dem die Ferien beginnen, den Großen Anglerabend. Es gibt einen kleinen, gerade richtigen Felsen, auf dem wir sitzen, wenn wir angeln. Er heißt Barsch-Berg. So heißt er nur, weil man dort niemals einen Barsch erwischt, meint Inga. Das Einzige, was man dort bekommt, sind Mückenstiche, sagt sie. Aber Bosse hat trotzdem einen großen Barsch herausgezogen, als wir neulich da waren, und Britta fing zwei kleine Plötzen*.
Inga und ich saßen hinterher auf unserer Küchentreppe und zählten unsere Mückenstiche. Ich hatte vierzehn auf dem rechten Bein und fünf auf dem linken. Inga hatte auf jedem Bein neun.

Astrid Lindgren

* Plötzen, die Plötze: eine Fischart

Freche Früchtchen

Ein Zwilling bin ich, rot wie Blut,
schmecke vielen Kindern gut.
(Die Kirsche)

Wer mich vernascht, der muss nur wissen:
Blau färbt er andere beim Küssen.
(Die Heidelbeere)

Die Haut wie Samt und rosig auch,
hab einen großen Stein im Bauch.
(Der Pfirsich)

Auch ich bin rot – willst du mich pflücken,
musst du dich zur Erde bücken.
(Die Erdbeere)

Erdbeer-Joghurt-Getränk

Zutaten:
1 Handvoll Erdbeeren
1 Becher Naturjoghurt
1 Glas Mineralwasser
1 Teelöffel Honig

Zerdrücke die Erdbeeren
und streiche sie durch ein Sieb.
Vermische sie dann mit den anderen Zutaten
und gieße alles in ein Glas.
Gekühlt schmeckt dieses Getränk besonders gut.

A

aber
alle, alles
allein
als
also
am
an
auch
auf
das **Auge**
aus
das **Auto**

B

das **Baby**
bald
bauen
der **Baum,** die Bäume
das **Bett**
ich **bin,** du **bist**
bis
das **Blatt,** die Blätter
bloß
das **Boot**
der **Brief**
das **Buch,** die Bücher

C

der **Cent**
der **Computer**

D

da
dann
das
dass
dein, deine
dem
den
denn
der
des
dich
die
diese, dieser, dieses
dir
dort
drei
du

E

das **Ei**
ein, eine, einer
einmal
eins
das **Eis**
endlich
er
es
essen, er isst
etwas
der **Euro**

F

fahren, er fährt
die **Familie**
fehlen
fein
fertig
fliegen
freuen
der **Freund**
für

G

ganz
gehen
gleich
groß
gut

H

haben, er hat
die **Hand,** die Hände
das **Haus,** die Häuser
heiß
helfen, er hilft
heute
hier
hoch
holen
hören
die **Hose**
der **Hund**

I

ich
ihm
ihn
ihr
im
immer
in
er **ist**

J

ja
jetzt
der **Junge**

K

der **Kahn,** die Kähne
das **Kind**
klein
kommen
können, er kann

L

lachen
laufen, er läuft
leer
leise
lernen
lesen, er liest
Lexi
lieb

das **Lied**
Lola
lustig

M

machen
das **Mädchen**
malen
die **Mama**
man
mehr
mein, meine, meiner
mich
mir
mit
der **Mund,** die Münder
müssen, er muss
die **Mutter,** die Mütter

N

nach
die **Nase**
nehmen, er nimmt
nein
nennen
neu
nicht
nichts
noch
nun
nur

O

oder
das **Ohr**
die **Oma**
der **Opa**

P

der **Papa**
der **Pelikan**

Qu

der **Quark**
die **Quelle**
quer

R

richtig
der **Roller**
rufen

S

sagen
schlafen, er schläft
schmecken
schnell
schon
schön
schreiben
der **Schuh**
die **Schule**
schwimmen

der **See**
sehen, er sieht
sehr
sein, seine, seiner
seit
sich
sicher
sie
wir **sind**
singen
sitzen
so
sollen
der **Spaß**
spielen
sprechen, er spricht
stehen
suchen

T

die **Tasche**
tief
das **Tier**
Toto

U

über
um
und
uns, unser, unsere
unter

V

der **Vater,** die Väter
viel
vielleicht
vier
der **Vogel,** die Vögel
von
vor

W

der **Wald,** die Wälder
warum
was
das **Wasser**
weil
welche
wenn
wer
werden, er wird
wie
wieder
wir
wissen, er weiß
wo
wollen, er will

Z

zu
zum
zur
zwei

Textquellenverzeichnis
S. 95: Krüss, James: Das Lesen. © James Krüss Erben. **S. 96:** Baumann, Hans: Das Abra-Bebra-Cebra. © 1988 Elisabeth Baumann. **S. 96:** Guggenmos, Josef: Entwischt. In: Josef Guggenmos: Sonne, Mond und Luftballon. Gedichte für Kinder. Beltz & Gelberg, Verlagsgruppe Beltz, Weinheim und Basel 1984. **S. 97:** Volksgut: Was Kindern Spaß macht/Ein alter Abzählreim/ Zungenbrecher. **S. 100:** Was macht der Wind? Nach: Weinhold, Angela: Warum weht der Wind? In: Angela Weinhold: Unser Wetter. Ravensburger Buchverlag Otto Maier GmbH, Ravensburg 2000. **S. 101:** Guggenmos, Josef: Der Wind geht ums Haus. In: Josef Guggenmos: Sonne, Mond und Luftballon. Gedichte für Kinder. Beltz & Gelberg, Verlagsgruppe Beltz, Weinheim und Basel 1984. **S. 102/103:** Lionni, Leo: Frederick (Textauszug). Deutsch von Günter Bruno Fuchs. Middelhauve Verlag, Köln 1967. **S. 106:** Könner, Alfred: Das leise Gedicht. In: Wer mäuschenstill am Bache sitzt. Altberliner Verlag Groszer, Berlin 1971. **S. 107:** Unbekannter Verfasser: Das Bäumchen. **S. 108/109:** Russisches Märchen: Das Rübchen. **S. 110:** Volksgut: Bei Müllers hat's gebrannt. **S. 115:** Lindgren, Astrid: Weihnachten im Stall (Textauszug). Deutsch von Anna-Liese Kornitzky. Verlag Friedrich Oetinger, Hamburg 2002. **S. 120:** Volksgut: Unterm Baum im grünen Gras. **S. 122:** Lindgren, Astrid: Mittsommer in Bullerbü (gekürzter Textauszug). In: Astrid Lindgren: Immer lustig in Bullerbü. Deutsch von Karl Kurt Peters. Verlag Friedrich Oetinger, Hamburg 1956.
Alle anderen Texte sind Originalbeiträge für die Duden Fibel.

Liedquellenverzeichnis
S. 85: Volksgut: Eine Seefahrt, die ist lustig (Textauszug). **S. 99:** Jöcker, Detlev (Musik)/Kleikamp, Lore (Text): Alle Kinder dieser Erde (Auszug). In: Und weiter geht's im Sauseschritt, © Menschenkinder Verlag und Vertrieb GmbH, 48157 Münster. **S. 105:** Hoffmann, Klaus W.: Das Lied von den Gefühlen (Textauszug). In: Klaus W. Hoffmann: Wenn der Elefant in die Disco geht. Ravensburger Buchverlag Otto Maier GmbH, Ravensburg 1983. © Aktive Musik Verlagsgesellschaft mbH, Dortmund. **S. 111:** Zuckowski, Rolf: Die Jahresuhr. In: Rolf Zuckowski: Die Jahresuhr. MUSIK FÜR DICH Rolf Zuckowski OHG, Hamburg 1994. **S. 113:** Volksgut: Martinslied. **S. 117:** Zuckowski, Rolf: Es schneit (Textauszug). In: Rolf Zuckowski: Winterkinder. MUSIK FÜR DICH Rolf Zuckowski OHG, Hamburg, 1987.

Bildquellenverzeichnis
S. 98: Foto: Schüler aus Brasilien © picture-alliance/epd. **S. 98:** Foto: Schüler aus China © Mauritius. **S. 99:** Foto: Schülerin aus Russland © Internetzeitung www.russland-aktuell.ru von RUFO. **S. 102/103:** Originalillustrationen und Cover: Leo Lionni, Frederick © Leo Lionni/2004 Beltz & Gelberg, Verlagsgruppe Beltz, Weinheim und Basel. **S. 115:** Originalillustration und Cover: Astrid Lindgren, Weihnachten im Stall © Lars Klinting/Verlag Friedrich Oetinger. **S. 120:** Foto: Sorbische Ostereier © picture-alliance/ZB. **S. 122:** Cover: Astrid Lindgren, Immer lustig in Bullerbü © Ilon Wikland/Verlag Friedrich Oetinger.

Autoren
Catrin Brinkmann, Birgitt Carstens, Thomas Hanselmann, Elisabeth Hein,
Anke Herold, Kerstin Lutter, Inga Matthießen, Hans Peters und Simone Straub

Beraterin
Dorothea Blendinger

Illustratoren
Volker Fredrich, Julia Ginsbach, Iris Hardt, Günther Jakobs, Christine Kleicke,
Hildegard Müller, Wolfgang Slawski und Heike Vogel

1. Auflage
1 5 4 | 2009 2008 2007
Alle Drucke dieser Auflage können im Unterricht nebeneinander benutzt werden.
Die letzte Zahl bezeichnet das Jahr dieses Druckes.

Internet: www.duden-paetec.de

Redaktion: Christiane Blumenkamp
Herstellung: Kathrin Reichel
Satz und Reproduktion: tiff.any GmbH, Berlin
Layout und Umschlaggestaltung: tiff.any GmbH, Berlin
unter Verwendung einer Illustration von Julia Ginsbach
Druck- und Bindearbeiten: Mohn media Mohndruck GmbH, Gütersloh

ISBN 978-3-89818-800-5